Impressum
Verlag: BABADADA GmbH, Nedderfeld 112 , 22529 Hamburg
Geschäftsführer / Verlagsleitung: Harald Hof
Druck: Books on Demand GmbH, In de Tarpen 42, 22848 Norderstedt

Imprint
Publisher: BABADADA GmbH, Nedderfeld 112 , 22529 Hamburg, Germany
Managing Director / Publishing direction: Harald Hof
Print: Books on Demand GmbH, In de Tarpen 42, 22848 Norderstedt, Germany

škola

صنف درسی
učionica
تقسیم کردن
dijeliti
186/2
تخته
ploča
معلم
učitelj
کاغذ
papir
نوشتن
pisati
خودکار
kemijska olovka
میز کار
pisaći stol
خط کش
ravnalo
کتاب
knjiga

بیگ مکتب
torba

قلم دانی
pernica

پنسل
grafitna olovka

پنسل تراش
šiljilo za olovke

پنسل پاک
gumica za brisanje

کتابچه رسم
blok za crtanje

نقاشی

crtež

برس رنگ زنی

kist

بکسک رنگه

kutija s bojama

قیچی

makaze

سریش

ljepilo

کتاب تمرین

bilježnica

کار خانگی

domaći zadatak

عدد

broj

جمع کردن

sabirati

تفریق کردن

oduzimati

ضرب کردن

množiti

حساب کردن

računati

حرف

slovo

الفبا

abeceda

کلمه

riječ

متن

tekst

خواندن

čitati

تباشیر

kreda

درس

sat

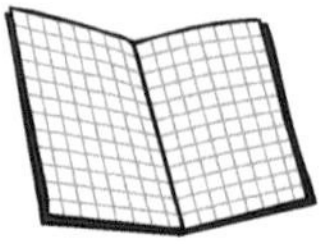

ثبت نام

dnevnik

امتحان

ispit

تصدیقنامه

svjedodžba

یونیفورم مکتب

školska uniforma

تحصیل

obrazovanje

دانشنامه

leksikon

پوهنتون

sveučilište

مایکروسکوپ

mikroskop

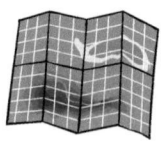

نقشه

karta

سبد کاغذ باطله

košara za papir

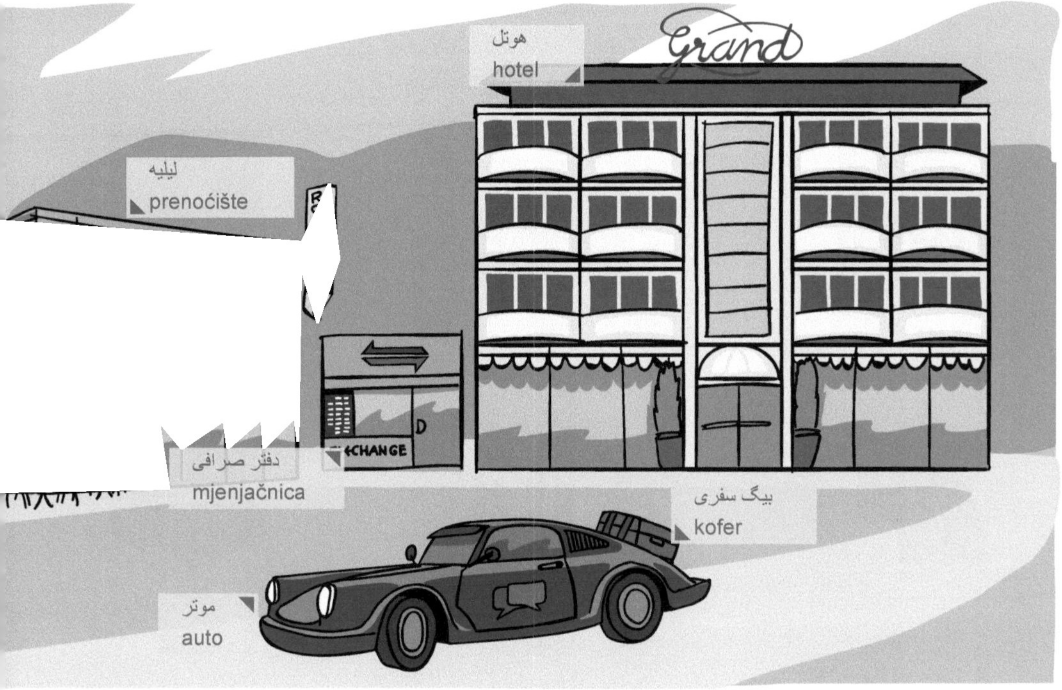

هوتل
hotel
Grand
لیلیه
prenoćište
دفتر صرافی
mjenjačnica
بیگ سفری
kofer
موتر
auto

زبان
jezik

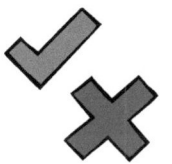

بلی / نخیر
da / ne

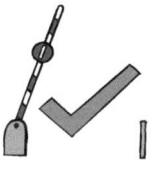

بسیار خوب
okay

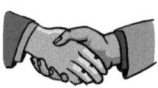

سلام
zdravo

مترجم
prevoditelj

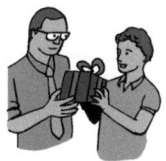

تشکر از شما
hvala

قیمتش چقدر است؟

Koliko košta...?

نمی فهمم

ne razumijem

مشکل

problem

عصر بخیر! / شب بخیر!

dobro veče!

صبح بخیر!

Dobro jutro!

شب بخیر!

Laku noć!

خداحافظ

doviđenja

مسیر

smjer

بار مسافر

prtljaga

بیگ

torba

بیگ پشتکی

ruksak

مهمان

gost

اطاق

soba

بستره خواب سیار

vreća za spavanje

خیمه

šator

معلومات توریستی

turističke informacije

ساحل

plaža

کریدیت کارت

kreditna kartica

صبحانه

doručak

طعام چاشت

ručak

غذای شام

večera

تکت

karta za vožnju

لفت

dizalo

مهر

poštanska markica

مرز

granica

گمرک

carina

سفارتخانه

ambasada

ویزه

viza

پاسپورت

putovnica

طیاره
zrakoplov
کشتی
brod
موتر اطفاییه
vatrogasno vozilo
لاری
teretno vozilo
بس
autobus
قایق موتوری
motorni čamac
موتر
auto
بایسکل
biciklo

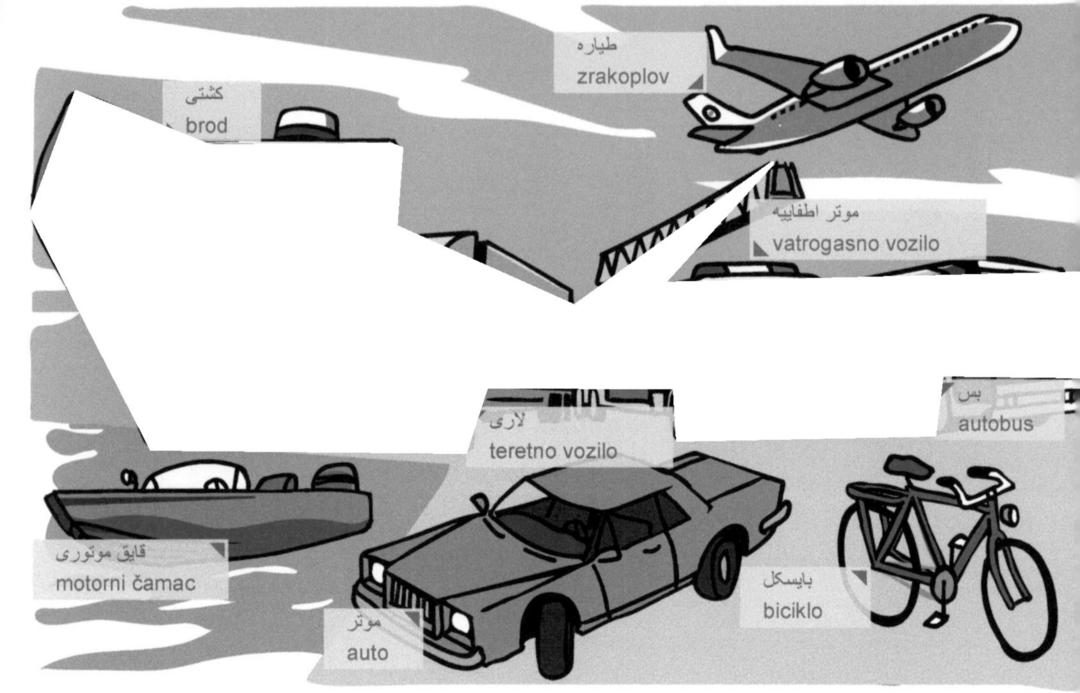

کشتی

trajekt

قایق

čamac

موترسایکل

motocikl

موتر پولیس

policijski auto

موتر مسابقه

trkaći auto

موتر کرایی

iznajmljeno auto

اشتراک وسایط

dijeljenje automobila

جرثقیل

vučno vozilo

موتر حمل زباله

vozilo za odvoz smeća

موتور

motor

تیل

benzin

تانک تیل

benzinska postaja

علامت ترافیکی

prometni znak

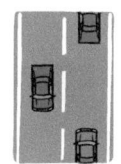

عبور و مرور

promet

راهبندان

zastoj

پارک وسایط

parkiralište

ایستگاه ریل

kolodvor

خط ریل

šine

ریل

vlak

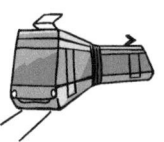

ریل برقی

tramvaj

واگن

vagon

هلیکوپتر

helikopter

میدان هوایی

zrakoplovna luka

برج

toranj

مسافر

putnik

کانتینر

kontejner

کارتن

karton

گادی

kolica

سبد

košara

پرواز کردن / فرود آمدن

uzletjeti / sletjeti

---

grad

قریه

selo

تیاتر شهر

centar grada

خانه

kuća

سینما
kino
اعلان
reklama
CINEMA
چراغ سرک
ulična svjetiljka
سرک
ulica
تکسی
taksi
فروشگاه اسنک
kiosk
عابر پیاده
pješak
پیاده رو
nogostup
چهار راهی
križanje
خطوط عابر پیاده
pješački prijelaz
سطل آشغال
kontejner za otpad
چراغ راهنمایی
semafor

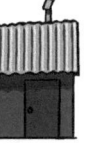

کلبه
....
koliba

آپارتمان
....
stan

ایستگاه ریل
....
kolodvor

تالار شهر
....
vijećnica

موزیم
....
muzej

مکتب
....
škola

پوهنتون

sveučilište

بانک

banka

شفاخانه

bolnica

هوتل

hotel

دواخانه

ljekarna

دفتر

ured

کتابفروشی

knjižara

مغازه

prodavaonica

گل فروشی

cvjećara

سوپر مارکیت

supermarket

فروشگاه

trg

فروشگاه

robna kuća

ماهی فروشی

ribarnica

مرکز خرید

trgovački centar

بندر

luka

پارک

park

دراز چوکی

klupa

پل

most

زینه ها

stepenice

مترو

podzemna željeznica

تونل

tunel

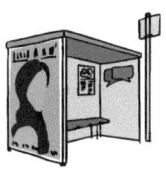

ایستگاه بس

autobusna stanica

میخانه

bar

رستورانت

restoran

صندوق پست

poštansko sanduče

علامت سرک

ulični znak

ماشین پارکو متر

parkirni sat

باغ وحش

zoološki vrt

حوض آببازی

bazen

مسجد

džamija

شهر - grad

مزرعه

seosko gazdinstvo

آلوده گی

zagađenje okoliša

قبرستان

groblje

کلیسا

crkva

میدان بازی

igralište

معبد

hram

krajolik

برگ
list

لوحه
putokaz

راه
put

علفزار
livada

سنگ
kamen

کوهنورد
šetač

دریا
rijeka

علف
trava

گل
cvijet

drv

دره

dolina

تپه

planina

دریاچه

jezero

جنگل

šuma

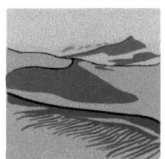

صحرا

pustinja

آتشفشان

vulkan

قلعه

dvorac

رنگین کمان

duga

سمارق

gljiva

درخت آلو

palma

پشه

moskito

مگس

muha

مورچه

mrav

زنبور

pčela

عنکبوت

pauk

قانغوزک

buba

بقه

žaba

موش خرما

vjeverica

خارپشت

jež

خرگوش صحرایی

zec

بوم

sova

پرنده

ptica

مرغابی

labud

خوک وحشی

divlja svinja

گوزن

jelen

گوزن شمالی

los

بند آب

nasip

توربین بادی

vjetrenjača

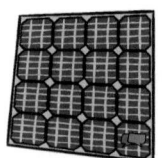

صفحه خورشیدی

solarna ploča

آب و هوا

klima

پیشخدمت
konobar

مینوی غذا
jelovnik

چوکی
stolica

سوپ
supa

پیتزا
pica

روی میزی
stolnjak

قاشق و پنجه و کارد
pribor za jelo

پیش غذا
....
predjelo

غذای اصلی
....
glavno jelo

شرینی
....
desert

نوشیدنی ها
....
napitci

غذا
....
jelo

بوتل
....
boca

فاست فود

fastfood

غذای کنار سرک

imbis hrana

چاینک/ترموز

čajnik

قندانی

doza za šećer

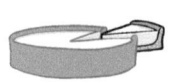

بخش غذا

porcija

دستگاه اسپرسو

aparat za espresso

چوکی بلند

visoka stolica

بل

račun

پطنوس

pladanj

چاقو

nož

پنجه

vilica

قاشق

žlica

قاشق چای خوری

čajna žlica

دستپاک دسترخوان یا میز

ubrus

گیلاس

čaša

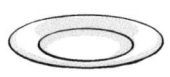

بشقاب

....

tanjur

بشقاب سوپ

....

tanjur za supu

نعلبکی

....

tanjurić

چتنی

....

sos

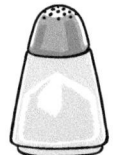

نمکدان

....

soljenka

آسیاب مرچ

....

mlin za biber

سرکه

....

ocat

روغن خوراکی

....

ulje

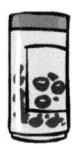

ادویه

....

začini

کچاپ

....

kečap

ساس خردل

....

senf

مایونز

....

majoneza

supermarket

پیشنهاد خاص
ponuda
مشتری
kupac
لبنیات
mliječni proizvodi
چرخ
kolica za kupnju

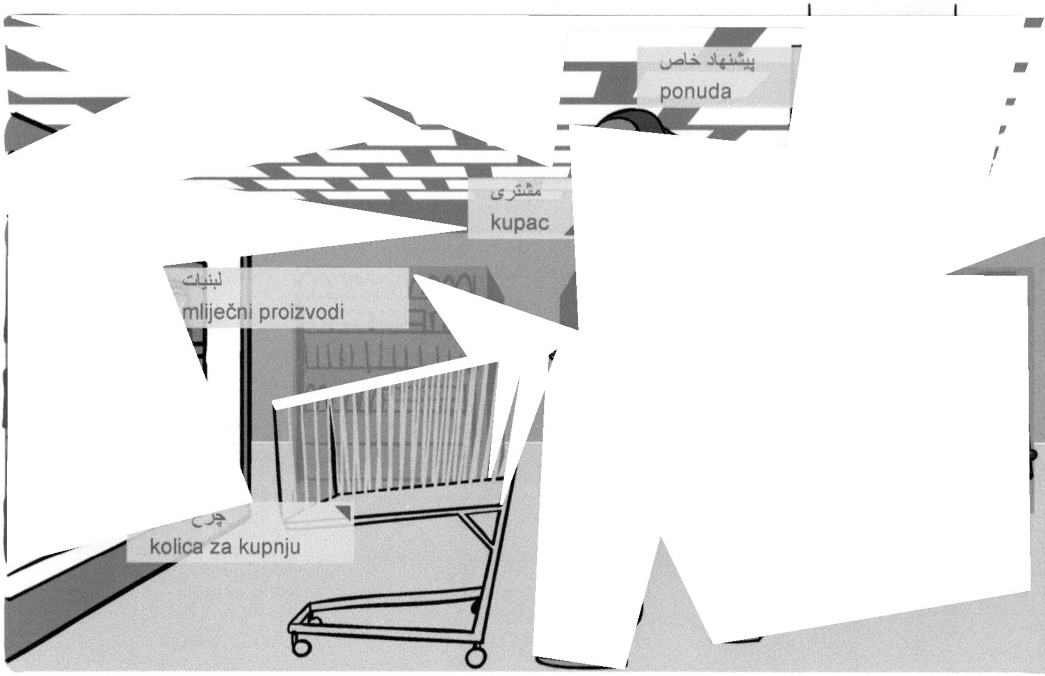

قصابی
....
mesnica

نانوایی
....
pekarnica

وزن کردن
....
vagati

سبزیجات
....
povrće

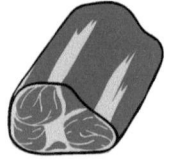

گوشت
....
meso

غذای منجمد
....
duboko smrznuta hrana

غذای سرد

narezak

غذای کنسر شده

konzerve

پودر رختشویی

sredstvo za pranje

شیرینی

slatkiši

لوازم خانگی

artikli za domaćinstvo

محصولات پاک کننده

sredstva za čišćenje

فروشنده

prodavačica

دخل پیسه

blagajna

صندوقدار

blagajnik

لست خرید

lista za kupnju

ساعات کاری

vrijeme rada

بکسک جیبی

novčanik

کریدیت کارت

kreditna kartica

بیگ

torba

بیگ پلاستیکی

plastična vrećica

آب

voda

جوس

sok

شیر

mlijeko

نوشابه

cola

شراب

vino

بیر

pivo

الکول

alkohol

ککو

kakao

چای

čaj

قهوه

kava

اسپرسو

espresso

کاپوچینو

cappuccino

کیله

banana

سیب

jabuka

مالته

naranča

تربوز

lubenica

لیمو

limun

زردگ

mrkva

سیر

češnjak

چوب خیزران

bambus

پیاز

luk

سمارق

gljiva

مغزیات

orašasti plodovi

آش

rezanci

مکرونی

špagete

برنج

riža

سلاد

salata

چیپس

pomfrit

کچالو سرخ کرده

pečeni krumpir

پیتزا

pica

همبرگر

hamburger

ساندویچ

sendvič

کتلت

šnicla

همبرگر

pršut

سالامی

salama

ساسج

kobasica

مرغ

kokoš

کباب

pečenje

ماهی

riba

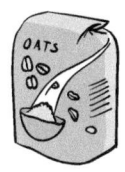

فرنی جو

zobene pahuljice

صبحانه رژیمی

musli

کورن فلکس

kukuruzne pahuljice

آرد

brašno

کروسانت

roščić

قرص نان

pecivo

نان خشک

kruh

توست / نان بریان

toast

بیسکیت

keksi

مسکه

maslac

چکه

svježi sir

کیک

kolač

تخم مرغ

jaje

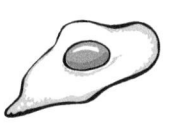

تخم مرغ سرخ شده

jaje na oko

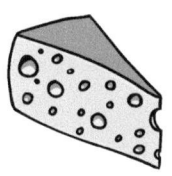

پنیر

sir

غذا - jelo

آیسکریم

sladoled

شکر

šećer

عسل

med

مربا

marmelada

مسکه چاکلیت

nugat krema

زردچوبه هندی

curry

seosko gazdinstvo

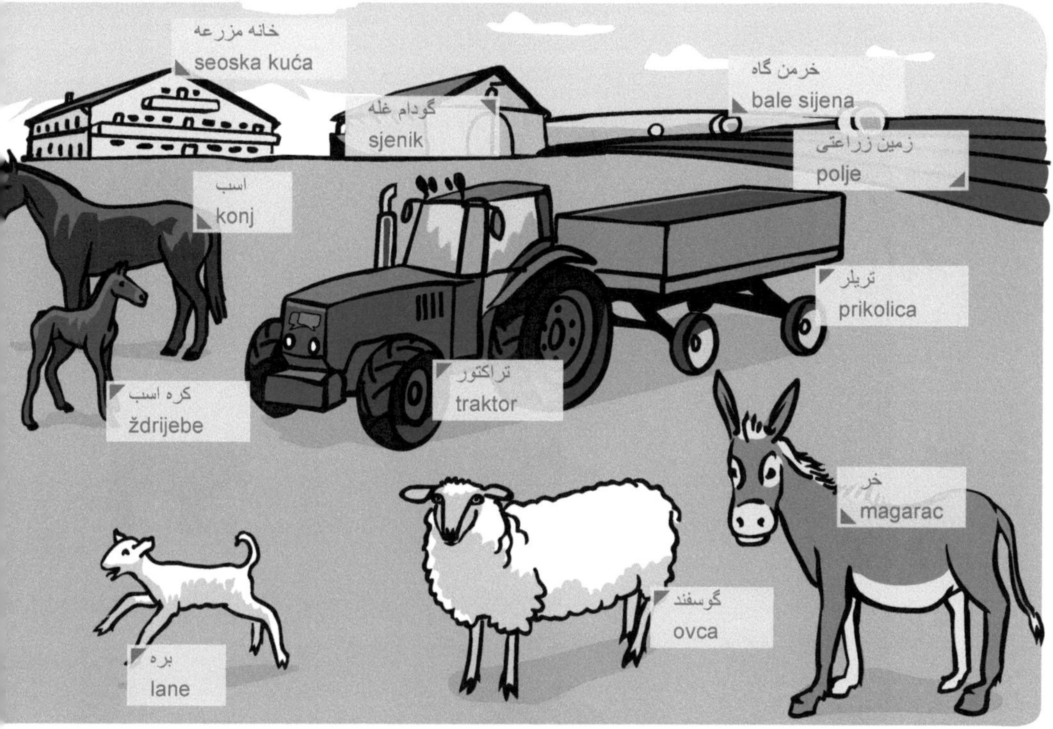
خانه مزرعه
seoska kuća
گودام غله
sjenik
خرمن گاه
bale sijena
زمین زراعتی
polje
اسب
konj
تریلر
prikolica
تراکتور
traktor
کره اسب
ždrijebe
خر
magarac
گوسفند
ovca
بره
lane

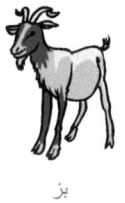

بز
....
koza

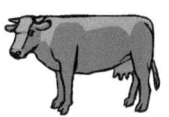

گاو
....
krava

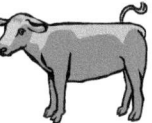

گوساله
....
tele

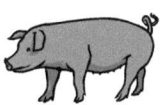

خوک
....
svinja

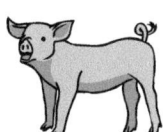

خوکچه
....
prase

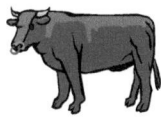

گاو نر
....
bik

قاز

guska

مرغابی

patka

چوچه مرغ

pilići

مرغ

kokoš

خروس

pijetao

موش صحرایی

pacov

پیشک

mačka

موش

miš

گاومیش

vol

سگ

pas

خانه سگ

kućica za psa

خانه باغ

vrtno crijevo

آبپاش

kanta za polijevanje

داس

kosa

قولبه کردن

plug

داس

srp

کج بیل

motika

چنگال باغبانی

vilica za gnojivo

تبر

sjekira

کراچی

tačke

تغار

korito

قوطی شیر

posuda za mlijeko

بوجی

vreća

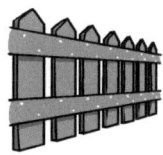

دیوار مرزی از چوب یا سیم خار دار

ograda

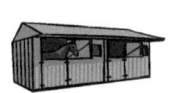

پایدار

štala

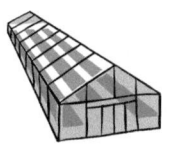

گلخانه

staklenik

خاک

zemlja

تخم

sjeme

کود

gnojivo

ماشین درو وخرمنکوبی

kombajn

درو کردن

žanjati

درو

žetva

کچالو شرین

yams začin

گندم

pšenica

سویا

soja

کچالو

krumpir

جواری

kukuruz

کلزا

uljana repica

درخت میوه

voćka

مانیوک

gomolj manioke

غلات و حبوبات

žitarice

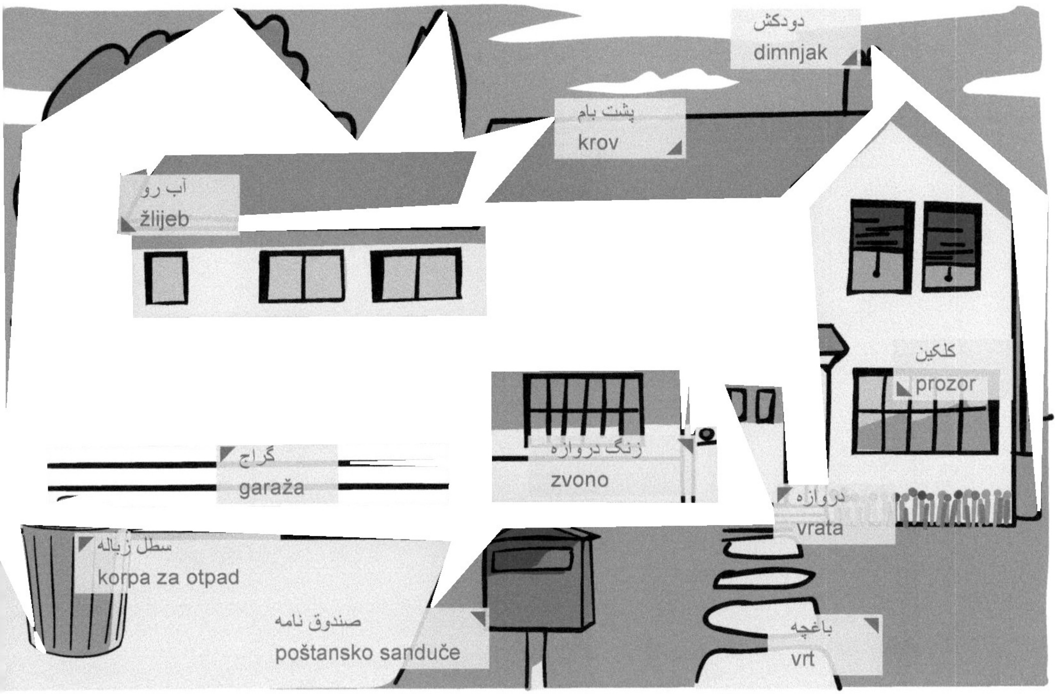

دودکش
dimnjak
پشت بام
krov
آب رو
žlijeb
کلکین
prozor
گراج
garaža
زنگ دروازه
zvono
دروازه
vrata
سطل زباله
korpa za otpad
صندوق نامه
poštansko sanduče
باغچه
vrt

اطاق نشیمن

dnevna soba

حمام / دستشویی

kupaonica

آشپزخانه

kuhinja

اطاق خواب

spavaća soba

اطاق اطفال

dječija soba

اطاق پذیرایی

trpezarija

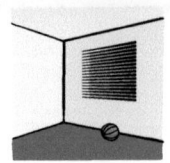

كف زمين

pod

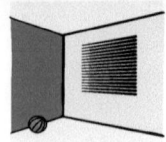

ديوار

zid

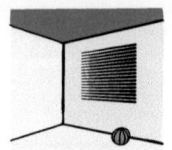

سقف

strop

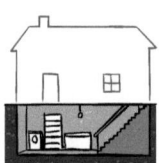

گودام زير زمينی

podrum

سونا

sauna

بالکن

balkon

برنده / بالکن

terasa

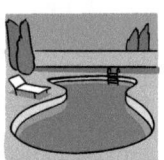

حوض

bazen

ماشين درو کردن چمن

kosilica za travu

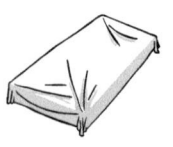

ورق کاغذ

posteljina za krevet

روجايی

deka za krevet

تختخواب

krevet

جارو

metla

سطل

kanta

سويچ

sklopka

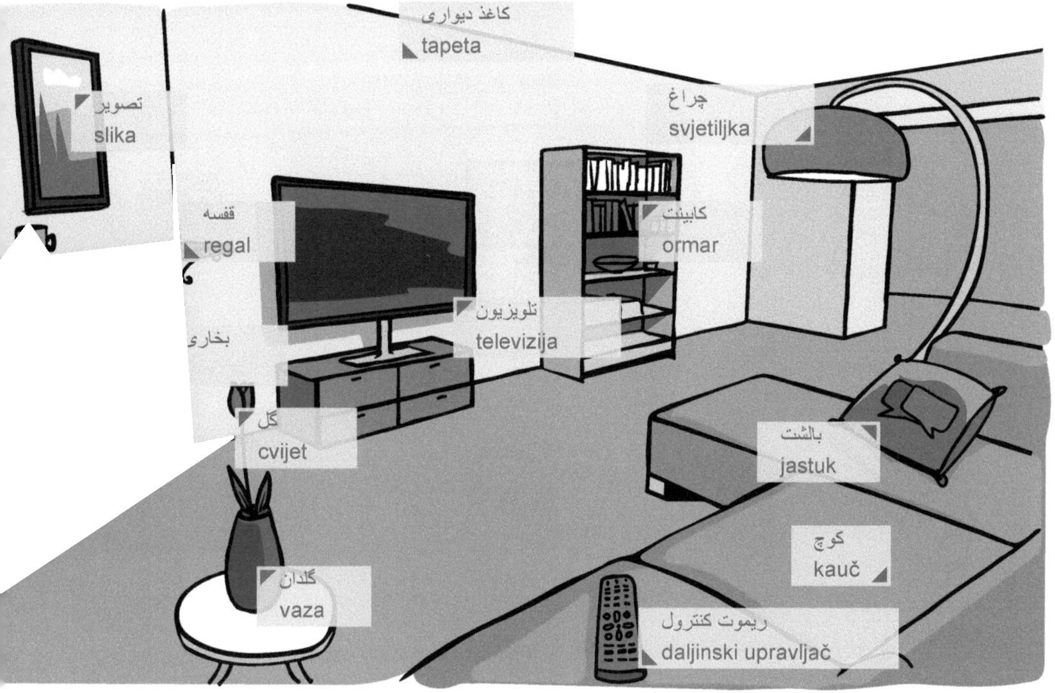

کاغذ دیواری
tapeta

تصویر
slika

چراغ
svjetiljka

قفسه
regal

کابینت
ormar

بخاری

تلویزیون
televizija

گل
cvijet

بالشت
jastuk

کوچ
kauč

گلدان
vaza

ریموت کنترول
daljinski upravljač

فرش
tepih

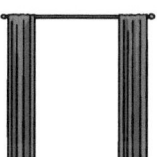

پرده
zavjesa

میز
stol

چوکی
stolica

چوکی گهواره یی
stolica za njihanje

چوکی دسته دار
fotelja

کتاب

knjiga

کمپل

deka

دکوراسیون

dekoracija

هیزم

drvo za ogrjev

فلم

film

سیستم های فای

stereo uređaj

کلید

ključ

روزنامه

novine

تابلوی نقاشی

slika na platnu

پوستر

poster

رادیو

radio

دفتر

blok za pisanje

جاروبرقی

usisavač

کاکتوس

kaktus

شمع

svijeća

يخچال
hladnjak

منقل مايكروويو
mikrovalna pećnica

ترازوی آشپزخانه
kuhinjska vaga

تستر
toaster

مواد شوينده
sredstvo za čišćenje

داش
pećnica

يخ دانی
pretinac za zamrzavanje

سطل زباله
korpa za otpad

ظرفشويی
perilica za suđe

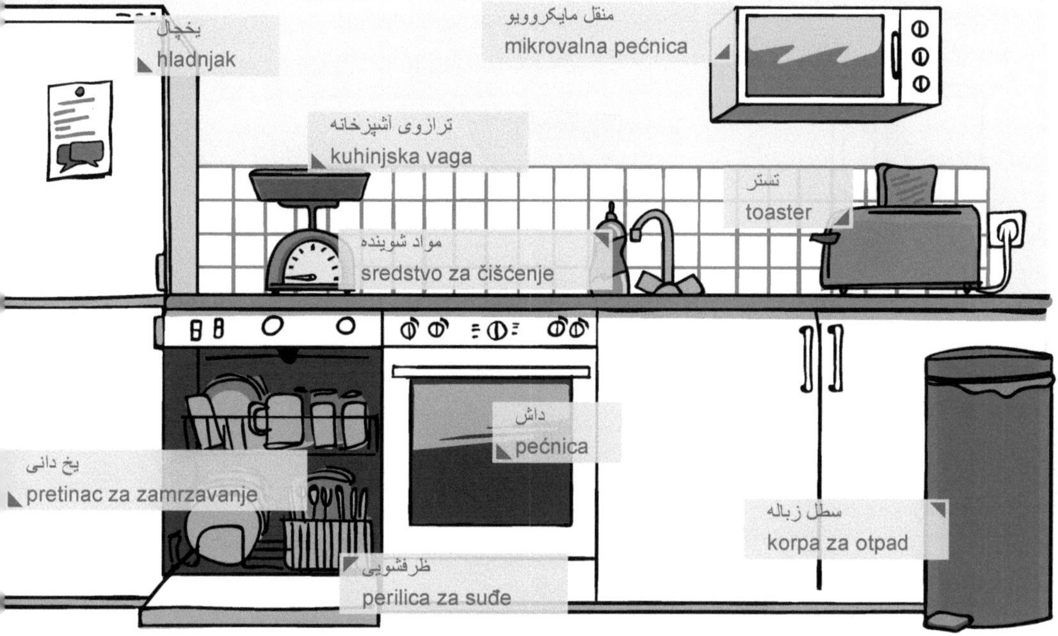

منقل
štednjak

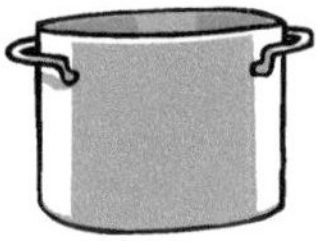

ديگ
lonac

ديگ چدنی
željezni lonac

كراهی
wok / kadai

تابه
tava

چای جوش
kuhalo za vodu

بخارپز

kuhalo na paru

پطنوس طباخی

lim za pečenje

ظروف

posuđe

پیاله کلان

čaša

کاسه

zdjela

چاپستیک ها

štapići za jelo

ملاقه

kutljača

کفگیر

lopatica

مخلوط کننده

pjenjača

چلو صاف

sito za kuhanje

غلبیل

sito

رنده

ribež

هاونگ

mužar

بار بیکیو

roštilj

آتش باز

ognjište

تخته برش

daska

آشگز

oklagija

سر بازکن

vadičep

قوطی

konzerva

سر باز کن

otvarač konzervi

دستگیره تکه ای

krpa za lonac

ظرف شویی

sudoper

برس ظرف شویی

četka

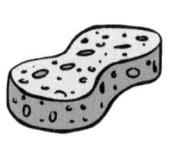

اسفنج

spužva

مخلوط کن

mikser

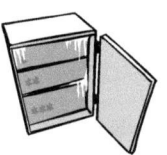

فریزر

zamrzivač

شیر چوشک اطفال

bočica za bebe

نل آب

slavina za vodu

kupaonica

شاور
tuš

گرم کننده
grijanje

جان پاک
ručnik

حمام کف
pjenušava kupka

حمام
zav

تب حمام
kada

گیلاس
čaša

ماشین لباسشویی
perilica za rublje

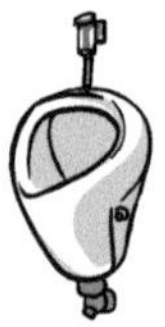

کاشی
pločice

نل آب
slavina za vodu

پات اطفال
dječja kahlica

ظرف شویی
sudoper

تشناب	کمود فرشی	کمود
toalet	čučavac	bidet
تشناب مرد ها	کاغذ تشناب	برس کمود
pisoar	papir za toalet	četka za toalet

برس دندان

četkica za zube

کریم دندان

pasta za zube

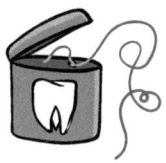

نخ دندان

konac za zube

شستن

prati

شاور دستی

tuš ručica

شاور کمود

tuš za pranje intimnih dijelova

دستشویی

lavor

برس پشت

četka za pranje leđa

صابون

sapun

جل حمام

gel za tuširanje

شامپو

šampon

لیف

krpa za pranje

آب رو

odvod

کریم

krema

بوزدا

dezodorans

آینه

ogledalo

آینه دستی

kozmetičko ogledalo

ریش تراش

brijač

کف ریش تراشی

pjena za brijanje

کلونیا

losion za poslije brijanja

شانه موی

češalj

برس

četka

سشوار

sušilo za kosu

اسپری مو

sprej za kosu

آرایش

makeup

لب سرین

ruž za usne

رنگ ناخن

lak za nokte

پشم پنبه

vata

ناخن گیر

škare za nokte

عطر

parfem

کیسه شستشو

neseser

چوکی چار پایه

stolica

ترازوی وزن

vaga

جان پاک

ogrtač

دستکش پلاستیکی

rukavice za čišćenje

تامپون

tampon

کوتکس

uložak

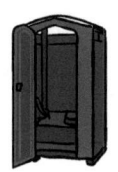

تشناب سیار

kemijski toalet

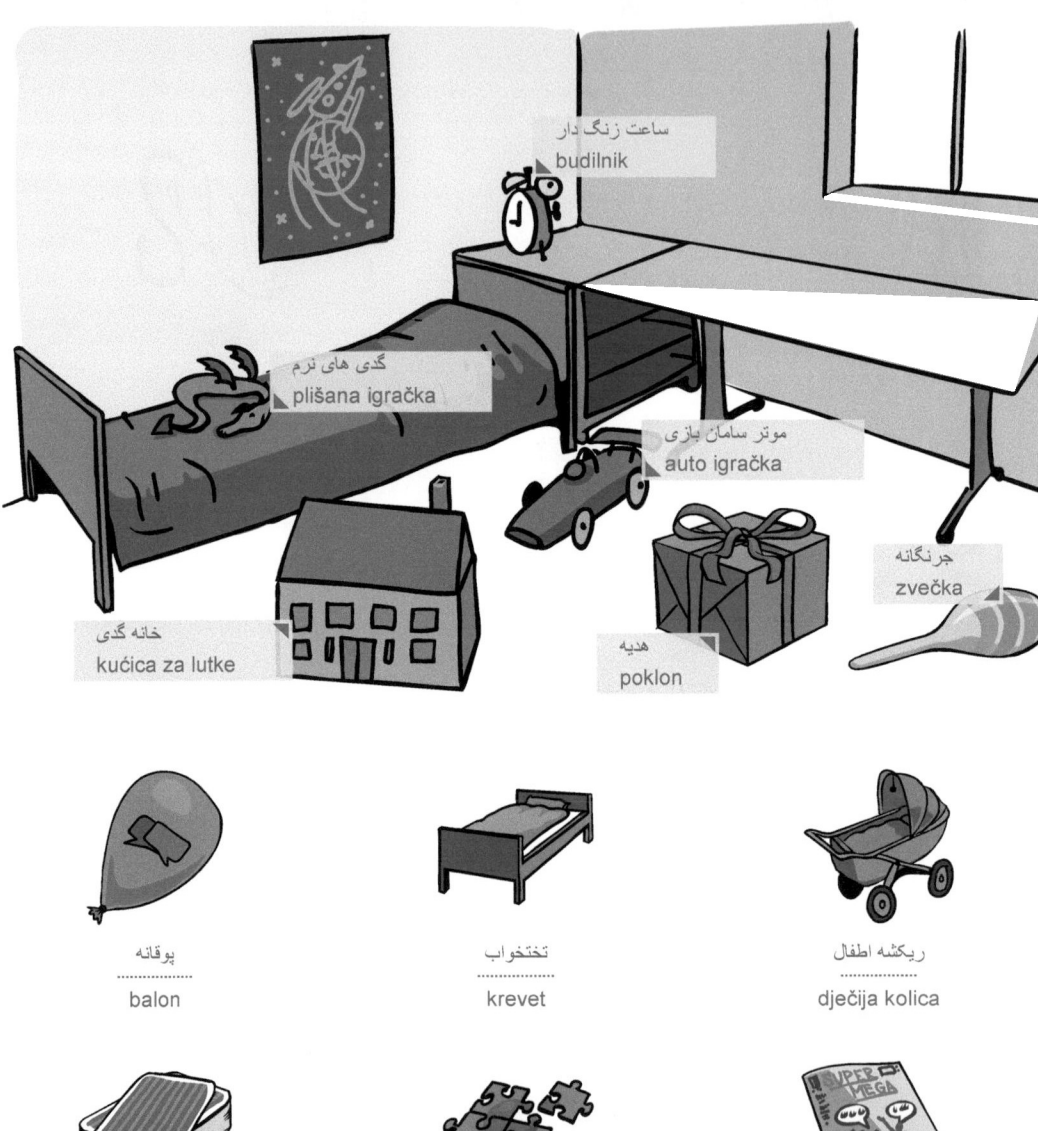

ساعت زنگ دار
budilnik

گدی های نرم
plišana igračka

موتر سامان بازی
auto igračka

خانه گدی
kućica za lutke

هدیه
poklon

جرنگانه
zvečka

پوقانه
....
balon

تختخواب
....
krevet

ریکشه اطفال
....
dječija kolica

قطعه بازی
....
igra s kartama

پازل
....
slagalica

خنده آور
....
strip

خشت های لگو

lego kockice

بلوک های سامان بازی

kockice za slaganje

پچه فلم

akcioni junak

لباس طفل

kombinezon za bebe

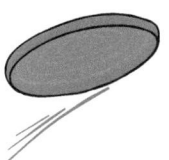

فریزبی

frizbi

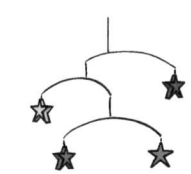

سامان بازی که روی تخت خواب اطفال
اویزان می شود

viseće igračke

بازی تخته یی

društvene igre

تاس

kocka

ریل اسباب بازی

minijaturna željeznica

چوشک

duda

مهمانی

tulum

کتاب تصویری

slikovnica

توپ

lopta

گدیگک

lutka

بازی کردن

igrati

جعبه ریگ

pješčanik

گاز

ljuljačka

اسباب بازی

igračka

کنسول بازی کمپیوتری

konzola za igre

سه چرخه

tricikl

خرس سامان بازی

plišani medo

الماری لباس

ormar

odjeća

جوراب

kratke čarape

جوراب دراز

čarape

برجس

hulahopke

چادر سر / šal

کمربند / kaiš

چتَری / kišobran

بلوز / t-shirt

بوت / čizme

چپلک / papuče

کرمچ / patike

چپلی / sandale

بوت / cipele

موزه پلاستیکی / gumene čizme

نیکر / gaćice

واسکت زنانه / grudnjak

واسکت / potkošulja

بدن
bodi

برزو
hlače

پتلون کاوبای
džins

دامن
haljina

بلوز
bluza

پیراهن
košulja

يالان
džemper

جاکت کلاه دار
pulover s kapuljačom

جاکت
blejzer

چمپر
jakna

کورتی
kaput

کوت بارانی
kabanica

لباس مخصوص مراسم
kostim

پیراهن
haljina

لباس عروسی
vjenčanica

دریشی

odijelo

لباس خواب

spavaćica

پاجامه

pidžama

ساری

sari

چادر سر

rubac

لنگی

turban

چادری

burka

کفتان

kaftan

چادر

abaja

لباس آببازی

kupaći kostim

نیکر پاچه دار

kupaće gaćice

پتلون نصفه

kratke hlače

لباس ورزشی

odjeća za trening

پیش بند

pregača

دستکش

rukavice

دکمه

gumb

عینک

naočale

دستبند

narukvica

گردن بند

ogrlica

انگشتر

prsten

گوشواره

naušnica

کلاه پیک دار

kapa

کوت بند

vješalica

کلاه

šešir

نیکتایی

kravata

زیپ

patent zatvarač

کلاه مصون

kaciga

بند تنبان

naramenice

یونیفورم مکتب

školska uniforma

یونیفورم

uniforma

پیش بند
podbradak

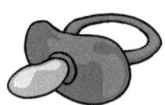

چوشک
duda

پمپر
pelena

ured

سرور
server
الماری اسناد
ormar za spise
پرینتر
کاغذ
papir
مانیتور
monitor
ماوس
miš
کیبورد
tipkovnica
سبد کاغذ باطله
košara za papir

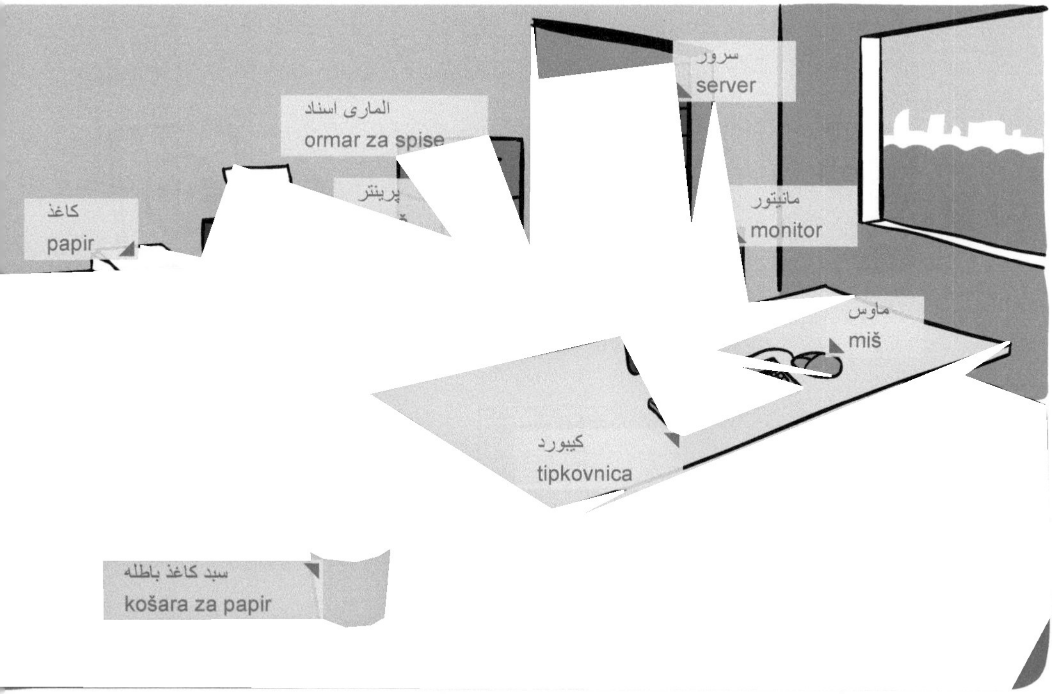

گیلاس قهوه
šalica za kavu

ماشین حساب
kalkulator

اینترنت
internet

لپ تاپ

laptop

نامه

pismo

پیام

poruka

موبایل

mobilni telefon

شبکه

mreža

ماشین فوتوکاپی

uređaj za kopiranje

نرم افزار

softver

تلیفون

telefon

پلک

utičnica

دستگاه فکس

faks

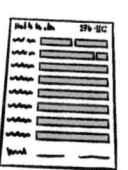

فورمه

obrazac

سند

dokument

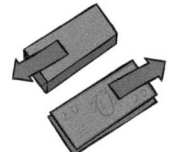

خرید کردن

kupovati

پرداختن

platiti

تجارت کردن

trgovati

پول

novac

دالر

dolar

یورو

euro

ین

jen

روبل

rubalj

فرانک سوئیس

švicarski franak

یوان رنمینبی

renmindbi yuan

روپیه

rupija

خودپرداز

automat za novac

دفتر صرافی

mjenjačnica

طلا

zlato

نقره

srebro

نفت

nafta

انرژی

energija

قیمت

cijena

قرارداد

ugovor

مالیات

porez

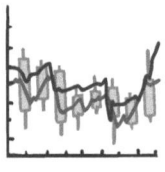

سهام

dionica

کار کردن

raditi

کارمند

službenik

استخدام کننده

poslodavac

فابریکه

tvornica

مغازه

prodavaonica

افسر پولیس
policajac

آتش نشان
vatrogasac

آشپز
kuhar

داکتر
liječnik

پیلوت
pilot

باغبان
vrtlar

نجار
stolar

خیاط
krojačica

قاضی
sudija

کیمیا دان
kemičar

بازیگر
glumac

راننده بس

vozač autobusa

راننده تکسی

vozač taksija

ماهیگیر

ribar

خدمه

čistačica

سقف ساز

krovopokrivač

پیشخدمت

konobar

شکارچی

lovac

نقاش

slikar

نانوا

pekar

برقی

električar

بنا

građevinski radnik

انجنیر

inženjer

قصاب

mesar

نلدوان

limar

پستچی

poštar

سرباز

vojnik

معمار

arhitekta

صندوقدار

blagajnik

گل فروش

cvjećar

آرایشگر

frizer

مامور تکت ریل

kondukter

میخانیک

mehaničar

کاپیتان

kapetan

داکتر دندان

zubar

دانشمند

znanstvenik

خاخام/ عالم یهودی

rabi

امام

imam

راهب

monah

ملا

svećenik

چکش
čekić
پلاس
kliješta
پیچ کش
odvijač
رینچ
ključ za vijke
چراغ دستی
džepna svjetiljk

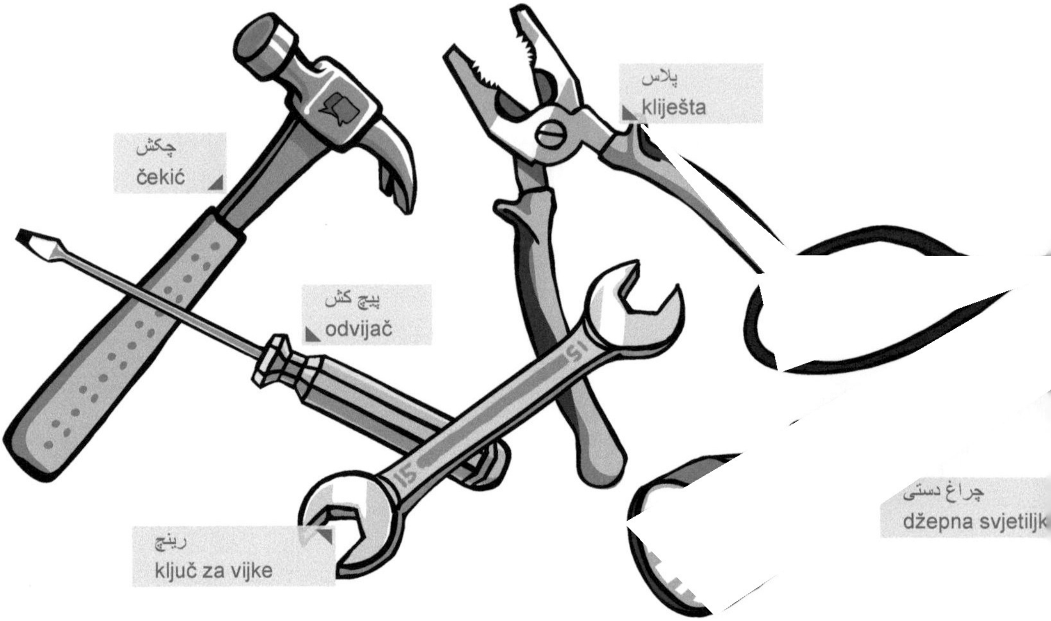

ماشین حفاری

rovokopač

جعبه ابزار

kutija za alat

زینه

ljestve

اره

pila

میخ

ekser

برمه

bušilica

ترمیم کردن	بیل	لعنتی!
popraviti	lopata	Sranje!

خاکروبه	سطل رنگ	پیچ
lopatica	lonac za boju	vijci

glazbeni instrument

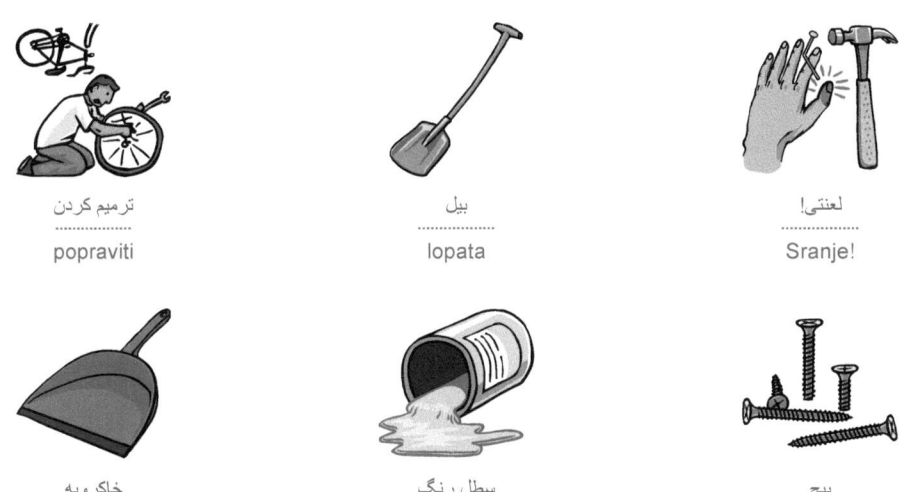

بلندگو
zvučnik

درام کیت
bubnjevi

کنترباس
kontrabas

ترومپت
truba

گیتار
gitara

پیانو

klavir

وایلن

violina

گیتار بیس

bas

دهل

timpani

دول

udaraljke za bubnjeve

پیانوی برقی

keyboard

ساکسوفون

saksofon

توله

flauta

میکروفون

mikrofon

zoološki vrt

ببر
tigar
قفس
kavez
گوره خر
zebra
غذای حیوانات
hrana za životinje
پاندا
panda
ورودی
ulaz

حیوانات

životinje

فیل

slon

کانگورو

kengur

غژ گاو

nosorog

گوریلا

gorila

خرس

medvjed

شتر

....

kamila

شترمرغ

....

noj

شیر

....

lav

میمون

....

majmun

فلامینگو

....

flamingo

طوطی

....

papagaj

خرس قطبی

....

polarni medvjed

پنگوئن

....

pingvin

کوسه

....

ajkula

طاووس

....

paun

مار

....

zmija

تمسا

....

krokodil

نگهبان باغ وحش

....

čuvar u zoološkom vrtu

سگ آبی

....

tuljan

پلنگ خالدار امریکایی

....

jaguar

اسب کوچک

poni

پلنگ

leopard

اسب آبی

nilski konj

زرافه

žirafa

عقاب

orao

خوک وحشی

divlja svinja

ماهی

riba

سنگ پشت

kornjača

شیر دریایی

morž

روباه

lisica

غزال

gazela

فوتبال امریکایی
američki nogomet
بایسکل سواری
biciklizam
تنیس
tenis
باسکتبال
košarka
آب بازی
plivanje
بوکس
boks
هاکی روی یخ
hockey na ledu

فوتبال

....

nogomet

بدمینتون

....

badminton

ورزشکاری

....

atletika

هندبال

....

rukomet

اسکی

....

skijanje

پولو

....

polo

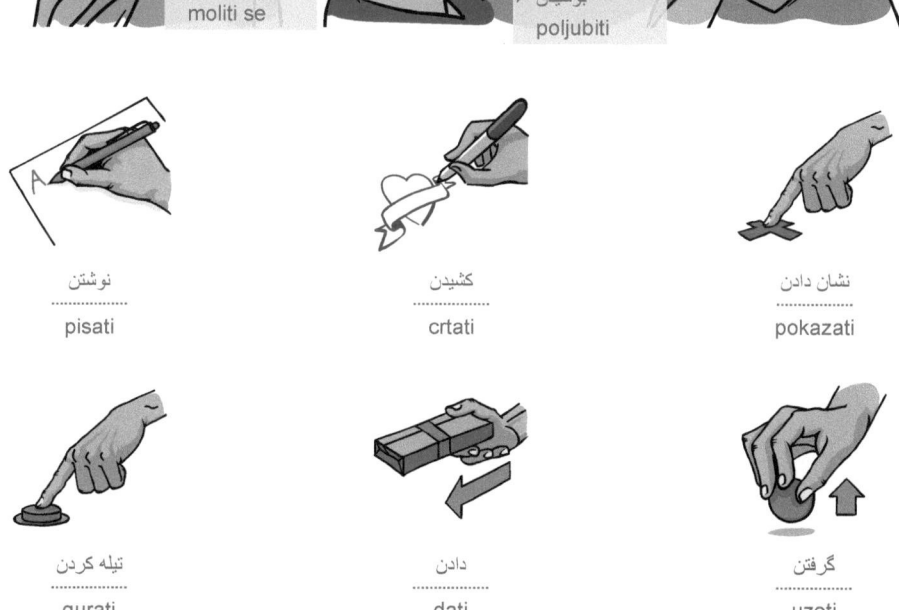

خیز زدن
skočiti

بغل کردن
zagrliti

خندیدن
smijati se

راه رفتن
ići

خواندن
pjevati

خواب دیدن
sanjati

دعا کردن
moliti se

بوسیدن
poljubiti

نوشتن
pisati

کشیدن
crtati

نشان دادن
pokazati

تیله کردن
gurati

دادن
dati

گرفتن
uzeti

داشتن

imati

انجام دادن

činiti

بودن

biti

ایستادن

stojati

دویدن

trčati

کش کردن

povlačiti

پرتاب کردن

baciti

افتادن

padati

دروغ گفتن

ležati

صبر کردن

čekati

حمل کردن

nositi

نشستن

sjediti

لباس پوشیدن

oblačiti

خوابیدن

spavati

بیدار شدن

probuditi se

نگاه کردن

gledati

گریه کردن

plakati

ضربه زدن

milovati

شانه کردن

češljati

صحبت کردن

govoriti

فهمیدن

razumjeti

پرسیدن

pitati

گوش دادن

slušati

نوشیدن

piti

خوردن

jesti

مرتب کردن

pospremiti

عشق ورزیدن

voljeti

پختن

kuhati

راننده گی کردن

voziti

پرواز کردن

letjeti

روی آب حرکت کردن

ploviti

حساب کردن

računati

خواندن

čitati

یاد گرفتن

učiti

کار کردن

raditi

ازدواج کردن

vjenčati se

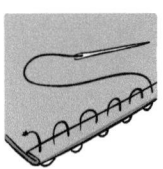

دوختن

šiti

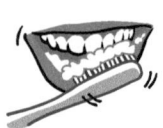

برس کردن دندان ها

prati zube

کشتن

ubiti

سگریت کشیدن

pušiti

فرستادن

poslati

مادرکلان
baka

پدرکلان
djed

پدر
otac

مادر
majka

نوزاد
beba

دختر
kćerka

پسر
sin

مهمان
....
gost

عمه / خاله
....
tetka

ماما/کاکا
....
ujak, stric

برادر
....
brat

خواهر
....
sestra

فامیل - obitelj

پیشانی
čelo

چشم
oko

شانه
rame

انگشت
prst

روی
lice

زنخ
brada

دست
ruka

سینه
grudi

بازو
ruka

پا
noga

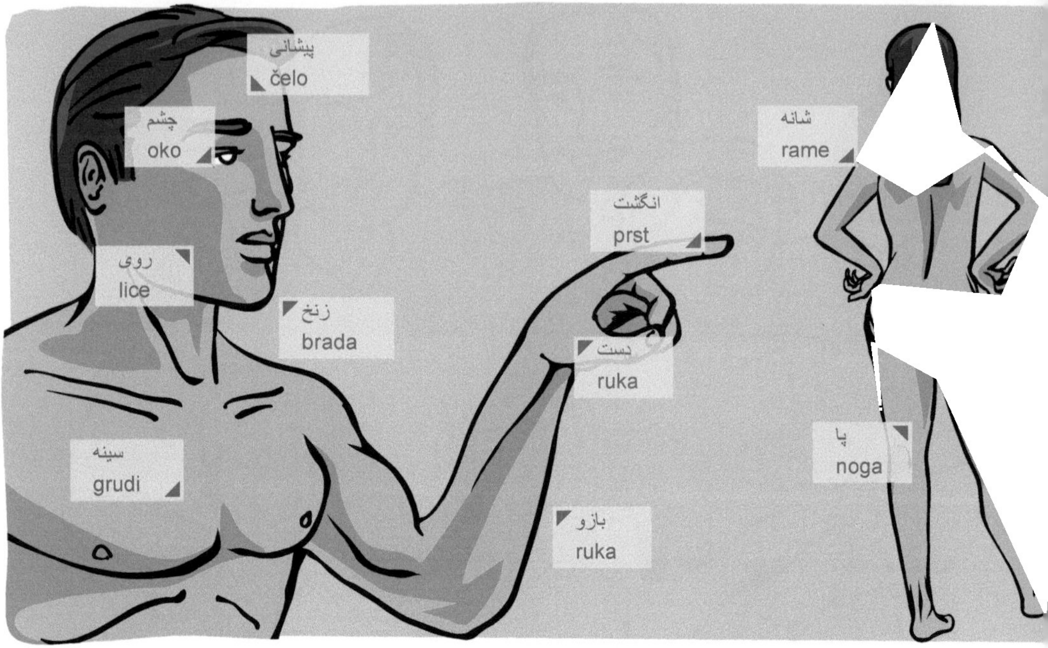

نوزاد
beba

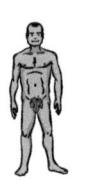

مرد
muškarac

زن
žena

دختر
djevojčica

پسر
dječak

سر
glava

کمر

leđa

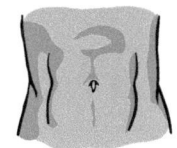

شکم

trbuh

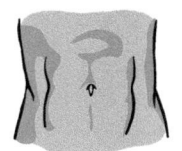

ناف

pupak

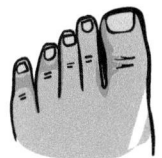

انگشت پا

nožni prst

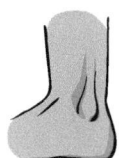

کوری پای

peta

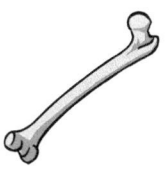

استخوان

kost

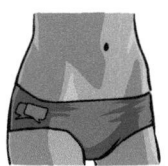

کمر

kuk

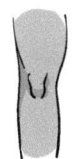

زانو

koljeno

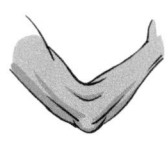

آرنج

lakat

بینی

nos

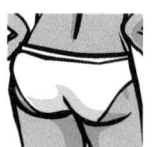

سرین

stražnjica

پوست

koža

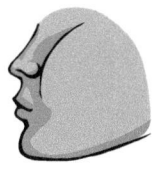

کومه

obraz

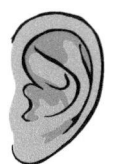

گوش

uho

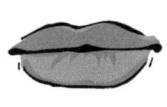

لب

usna

دهان

usta

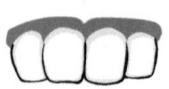

دندان

zub

زبان

jezik

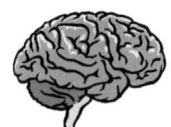

مغز

mozak

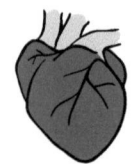

قلب

srce

عضله

mišić

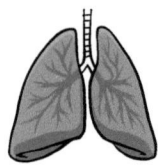

شش

pluća

جگر

jetra

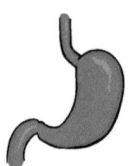

معده

želudac

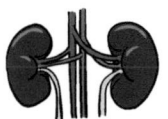

گرده

bubrezi

رابطه جنسی

snošaj

كاندوم

kondom

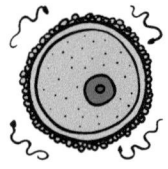

تخمه

jajna stanica

آب منی

sperma

حاملگی

trudnoća

70   بدن - tijelo

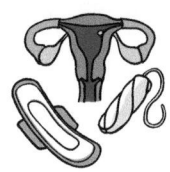

قاعده گی

menstruacija

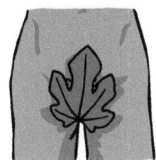

مجرای تناسلی زن

vagina

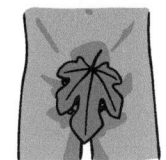

آلت تناسلی مرد

penis

ابرو

obrva

مو

kosa

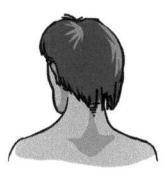

گردن

vrat

شفاخانه
bolnica

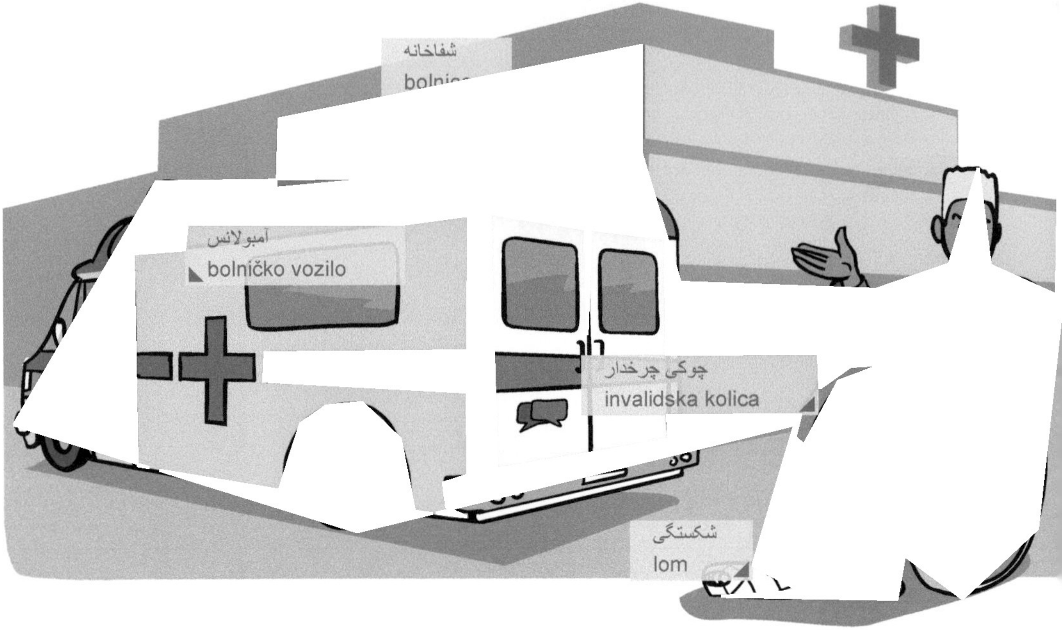

آمبولانس
bolníčko vozilo

چوکی چرخدار
invalidska kolica

شکستگی
lom

داکتر

liječnik

اطاق عاجل

hitna medicinska služba

نرس

medicinska sestra

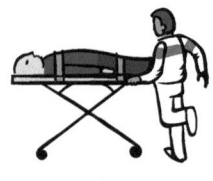

عاجل

hitni slučaj

بیهوش

nesvijest

درد

bol

جراحت

ozljeda

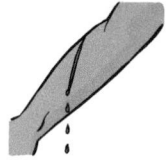

خونریزی

krvarenje

حمله قلبی

srćani infarkt

سکته مغزی

moždani udar

حساسیت

alergija

سرفه

kašalj

تب

groznica

انفلوانزا

gripa

اسهال

proljev

سردرد

glavobolja

سرطان

rak

شکر

dijabetes

جراح

kirurg

چاقوی جراحی

skalpel

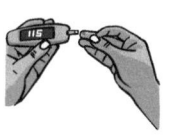

عملیات

operacija

سی تی

ct

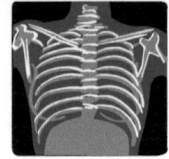

ایکسری

rentgen

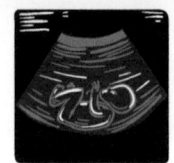

سونوگرافی

ultrazvuk

ماسک روی

maska

مریضی

bolest

اطاق انتظار

čekaonica

عصا

štaka

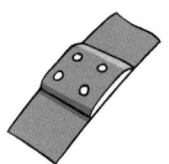

گچ

flaster

پانسمان

zavoj

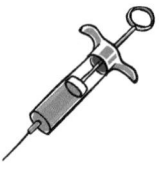

تزریق

injekcija

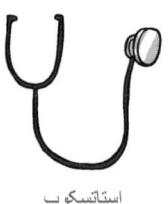

استاتسکوپ

stetoskop

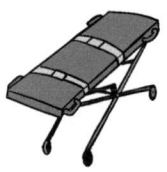

تذکره

nosilo

ترمامیتر کلینیکی

termometar

تولد

rođenje

اضافه وزن

prekomjerna težina

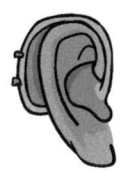

سمعک

slušni aparat

ضدعفونی کننده

sredstvo za dezinfekciju

عفونت

infekcija

وایروس

virus

اچ آی وی / ایدز

hiv / sida

ادویه

medicina

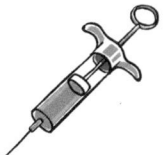

واکسیناسیون

vakcinacija

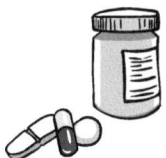

تابلیت ها

tablete

تابلیت

pilula

تماس اضطراری

poziv u pomoć

مانیتور فشار خون

uređaj za mjerenje tlaka

بیمار / سالم

bolesno / zdravo

کمک!

....

pomoć!

زنگ هشدار

....

alarm

تجاوز

....

nasrtaj

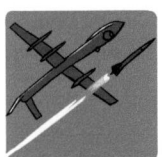

حمله

....

napad

خطر

....

opasnost

خروج اضطراری

....

izlaz za nuždu

آتش!

....

požar!

آله ضد حریق

....

vatrogasni aparat

حادثه

....

nezgoda

بکسه کمک های اولیه

....

kofer prve pomoći

پیام اضطراری

....

sos

پولیس

....

policija

اروپا

Europa

امریکای شمالی

sjeverna amerika

امریکای جنوبی

južna amerika

آفریقا

Afrika

آسیا

Azija

استرالیا

Australija

اقیانوس اطلس

Atlantik

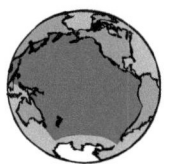

اقیانوس آرام

Pacifik

اقیانوس هند

ocean

اقیانوس منجمد جنوبی

antarktički ocean

اقیانوس منجمد شمالی

arktički ocean

قطب شمال

sjeverni pol

قطب جنوب

južni pol

قاره قطب جنوب

Antarktik

زمین

zemlja

خشکی

zemlja

دریا

more

جزیره

otok

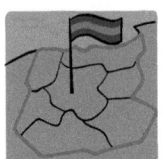

ملت

nacija

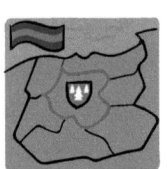

کشور

država

روی ساعت
....
brojčanik sata

عقربه ساعت شمار
....
satna kazaljka

عقربه دقیقه شمار
....
minutna kazaljka

عقربه ثانیه شمار
....
sekundna kazaljka

ساعت چند است؟
....
Koliko je sati?

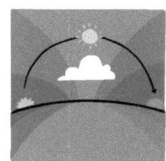

روز
....
dan

زمان
....
vrijeme

اکنون
....
sada

ساعت دستی دیجیتل
....
digitalni sat

دقیقه
....
minuta

ساعت
....
sat

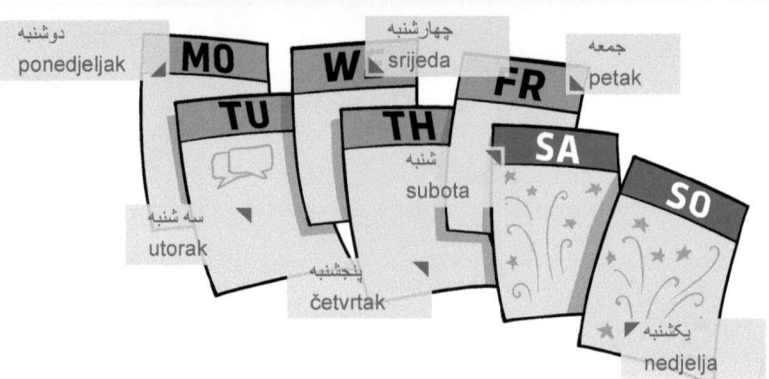

دوشنبه
ponedjeljak
چهارشنبه
srijeda
جمعه
petak
سه‌شنبه
utorak
شنبه
subota
پنج‌شنبه
četvrtak
یکشنبه
nedjelja

دیروز
jučer

امروز
danas

فردا
sutra

صبح
jutro

ظهر
podne

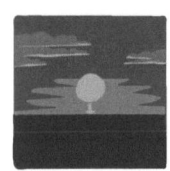

غروب
večer

روزهای کاری
radni dani

آخر هفته
vikend

godina

باران
kiša
رنگین کمان
duga
برف
snijeg
شمال
vjetar
بهار
proljeće
خزان
jesen
تابستان
ljeto
زمستان
zima

4.APRIL 11°
5.APRIL 4°
6.APRIL 13°
7.APRIL 8°
8.APRIL 10°

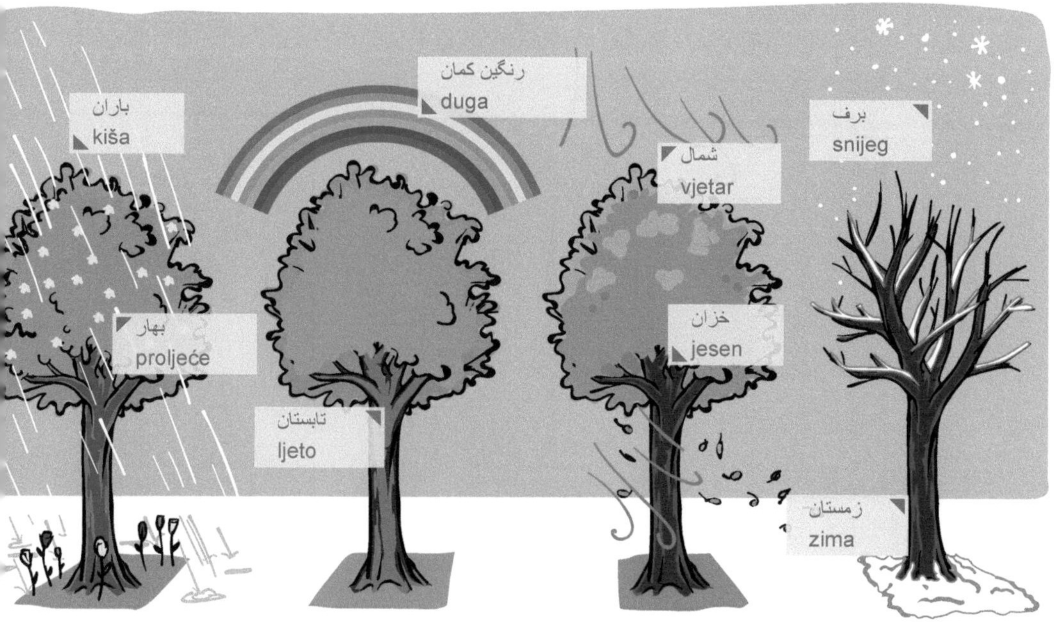

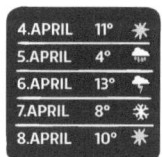

پیش بینی آب و هوا

meteorološka prognoza

F C
120 40
90 30
60 20
30 10
0 0
-30 -10
-20

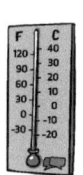

ترمامیتر

termometar

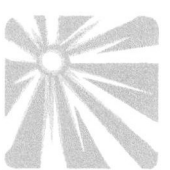

آفتاب

sunčana svjetlost

ابر

oblak

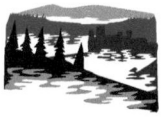

غبار

magla

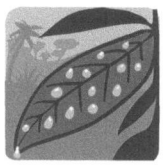

رطوبت

vlažnost zraka

رعد و برق

munja

الماسک

grmljavina

طوفان

oluja

ژاله

tuča

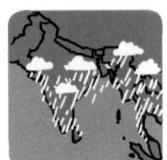

موسم بارندگی

monsun

سیل

poplava

یخ

led

جنوری

siječanj

فبروری

veljača

مارچ

ožujak

اپریل

travanj

می

svibanj

جون

lipanj

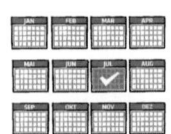

جولای

srpanj

اگست

kolovoz

سال - godina

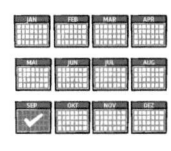

سپتمبر

rujan

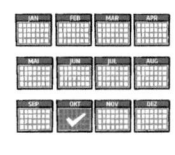

اکتوبر

listopad

نومبر

studeni

دسمبر

prosinac

oblici

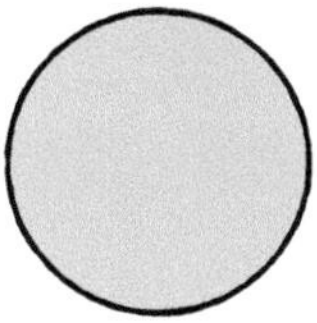

دایره

krug

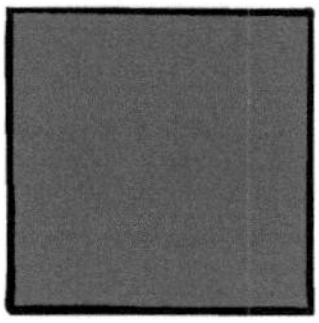

مربع

kvadrat

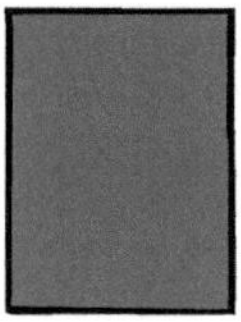

مستطیل

pravokutnik

مثلث

trokut

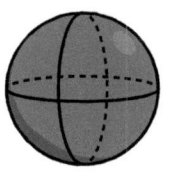

کره

kugla

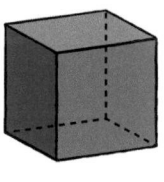

مکعب

kocka

سفید
....
bijela

زرد
....
žuta

نارنجی
....
narančasta

گلابی
....
ružičasta

سرخ
....
crvena

بنفش
....
ljubičasta

آبی
....
plava

سبز
....
zelena

نصواری/قهوه یی
....
smeđa

خاکستری
....
siva

سیاه
....
crna

زیاد / کم

mnogo / malo

عصبانی / آرام

ljutito / mirno

مقبول / بدرنگ

lijepo / ružno

آغاز / پایان

početak / kraj

بزرگ / کوچک

veliko / maleno

روشن / تیره

svijetlo / tamno

برادر / خواهر

brat / sestra

پاک / کثیف

čisto / prljavo

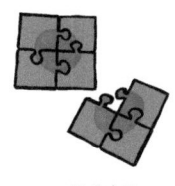

کامل / ناقص

potpuno / nepotpuno

روز / شب

dan / noć

مرده / زنده

mrtvo / živo

عریض / باریک

široko / usko

خوراکی / غیر خوراکی

jestivo / nejestivo

عصبانی / دوستانه

zlo / dobro

هیجان زده / کسل

uzbuđeno / dosadno

چاق / لاغر

debelo / mršavo

اول / آخر

na početku / na kraju

دوست / دشمن

prijatelj / neprijatelj

پر / خالی

puno / prazno

سخت / نرم

tvrdo / mekano

سنگین / سبک

teško / lagano

گرسنگی / تشنگی

glad / žeđ

بیمار / سالم

bolesno / zdravo

غیر قانونی / قانونی

ilegalno / legalno

باهوش / احمق

pametno / glupo

چپ / راست

lijevo / desno

نزدیک / دور

blizu / daleko

نو / کهنه

novo / rabljeno

هیچ چیز / چیزی

ništa / nešto

پیر / جوان

staro / mlado

روشن / خاموش

uključeno / isključeno

باز / بسته

otvoreno / zatvoreno

بی صدا / پر سر و صدا

tiho / glasno

ثروتمند / فقیر

bogato / siromašno

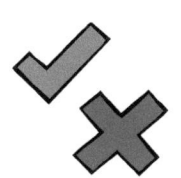

صحیح / غلط

točno / pogrešno

ناهموار / هموار

hrapavo / glatko

غمگین / خوشحال

tužno / sretno

کوتاه / بلند

kratko / dugo

آهسته / سریع

polako / brzo

تر / خشک

mokro / suho

گرم / سرد

toplo / hladno

جنگ / صلح

rat / mir

0	**1**	**2**
صفر	یک	دو
nula	jedan	dva

3	**4**	**5**
سه	چهار	پنج
tri	četiri	pet

6	**7**	**8**
شش	هفت	هشت
šest	sedam	osam

9	**10**	**11**
نه	ده	یازده
devet	deset	jedanaest

12
دوازده

dvanaest

13
سیزده

trinaest

14
چهارده

četrnaest

15
پانزده

petnaest

16
شانزده

šestnaest

17
هفده

sedamnaest

18
هجده

osamnaest

19
نوزده

devetnaest

20
بیست

dvadeset

100
صد

stotinu

1.000
هزار

tisuću

1.000.000
میلیون

milijun

jezici

انگلیسی

engleski

انگلیسی امریکایی

američko engleski

چینی ماندارین

kinesko mandarinski

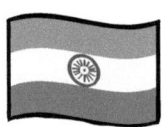

هندی

hindi

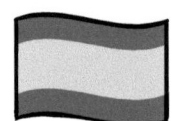

اسپانیایی

španjolski

فرانسوی

francuski

عربی

arapski

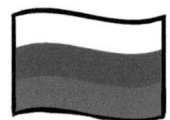

روسی

ruski

پرتغالی

portugalski

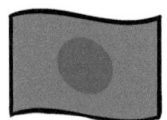

بنگالی

bengalski

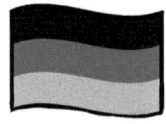

آلمانی

njemački

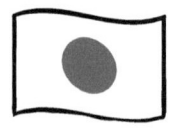

جاپانی

japanski

tko / što / kako

من

ja

شما

ti

او / او / آن

on / ona / ono

ما

mi

شما

vi

آن ها

oni

کی؟

tko?

چی؟

što?

چطور؟

kako?

کجا؟

gdje?

چه وقت؟

kada?

اسم

ime

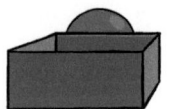

عقب

iza

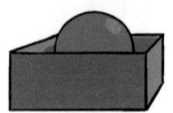

در

u

پیش روی

ispred

بالا

preko

روی

na

زیر

ispod

پهلو

pored

میان

između

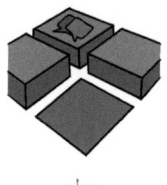

محل

mjesto